LORCAN AND THE MAGIC WHISTLE

Published by Dolores Andrew-Gavin
ISBN: 978-0-9926177-0-7

Illustrations by Sidhe Art & Design

Design & Print by Castle Print Galway

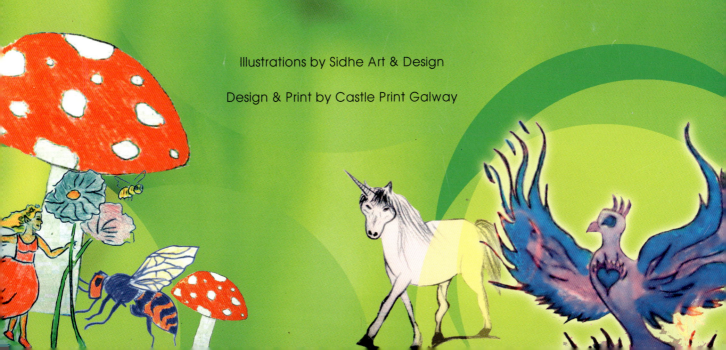

All around the playground the fairies were playing, some football and others basketball. That is all but one fairy. Lorcan was sitting behind the tall red-topped mushroom looking rather gloomy. He was being left out and no one was playing with him. He did not want anyone to see him crying because then the other fairies would have one more thing to laugh at him about.

"Lorcan the cry baby", he can just hear it now. "Lorcan who can't kick a ball, Lorcan who is no good at football". Oh ... he has heard it all before from the other fairies and they won't allow him to play with them anymore.

Everyday during break time he goes and sits under the red mushroom.   He finds peace here with his own company.... In the beginning he felt like he had no choice but now this is where he wants to be, on his own, well this is what he has convinced himself of.

One day Lorcan decided to play his whistle quietly, a whistle he had crafted from wood. He had seen one like it when the fairies from Brigit's Garden had visited last year. The wise Unicorn that had been eating grass under the huge oak tree heard the sound of the whistle and had come to see where the beautiful music was coming from.

Unicorn saw Lorcan sitting on his own playing the whistle and asked him why he was on his own playing such beautiful music.

No one will play with me", he said gloomily to Unicorn, "they say I am no good at football, no good at sports at all, and they are right, I am no good at anything".

"Oh dear, you are feeling very sad today" said Unicorn. "But I bet there are lots of things you are good at Lorcan, come on let's take a walk to the magic lake and have a look into it".

Lorcan jumped onto Unicorn's back and they headed off through the quartz crystal maze that led to the magic lake. As he jumped of Unicorn's back Lorcan said rather shyly "I feel like I have no friends at all and this makes me feel sad and worthless. Sometimes my older brother Ruarc says I am useless too".

"There, there", said Unicorn. "Let's look into the magic lake".

Lorcan's sad reflection stared back at him from the stillness of the water. Suddenly he began to see a reflection of himself playing his wooden whistle. The musical notes drifted out from the whistle and skimmed along the surface of the water. The birds in the trees stopped chirping to listen to the beautiful soft tones.

Even Lorcan had to admit to Unicorn that the music was rather beautiful!

He had not really listened to his music before this, because he had felt too sad.

Out from behind a low-lying
cloud came Fairy Godmother.
"What beautiful music you are
playing Lorcan, you are so
talented and I can see that now
you too have finally realised
how good you are at playing
your whistle.
Do you know there are
rehearsals taking place at the
moment at The Rock of Cashel
for a gigantic concert to be held
at The Hill of Tara this
Christmas time, I bet you could
get an audition if you tried".

Fairy Godmother sprinkled her magic wand over Lorcan's head and said

"Believe you can Lorcan, and you will"

and she was on her way.

Lorcan jumped up and down and said to Unicorn "You know I am good at something, I am good at playing my whistle. I don't care about not being good at football, you know I really have no interest in playing it anyway. I want to play my whistle".

"You are right Lorcan,

everyone is good at something and not everyone is good at the same thing",

replied Unicorn happily.

"Sometimes we need to stop and think about what it is we are good at, and that only happens when we stop letting what other people tease us about bother us, we stop and listen to what is in our heart, you know Lorcan that's where we find the truth.

Sometimes we spend so much time listening to others we forget our own heart's desire. If something feels good in your heart then that is a sign that it is good".

"Well Unicorn I have found my heart's desire and that is to play music and I am going to go and get myself an audition. Fairy Godmother was right "If I believe I can ....I will". Thank you, thank you Unicorn. I am going to play my whistle more loudly now at break time and I am not going to hide behind the mushroom any more. I don't need to hide my whistle and I don't care what the others say about me".

Lorcan went on to become a very successful whistle player and won a huge fairy talent competition for four years in a row.

He truly believed in himself.

He also became friends with some other fairies in others classes who shared his love of music and together they would sit around the circle of stones in the shade of the oak trees and play their music till late in the evening. He even started to play a little football, because when he stopped worrying about doing it wrong, he actually started to do it right!

The End

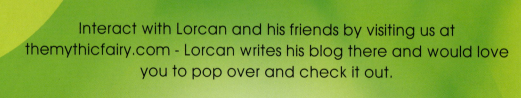

Interact with Lorcan and his friends by visiting us at themythicfairy.com - Lorcan writes his blog there and would love you to pop over and check it out.

He also has some interesting facts about places he mentions in the book and has included pictures from Barna Woods, Brigit's Garden, The Rock of Cashel and other places he has visited.

He also gives information on the animals that appear in the book and if you are afraid of spiders there is even a "Tap Along With Conal" video you can do to help you get rid of your fear.

There are also interesting facts about flowers and fauna and much more.

Pop over to meet Lorcan at www.themythicfairy.com

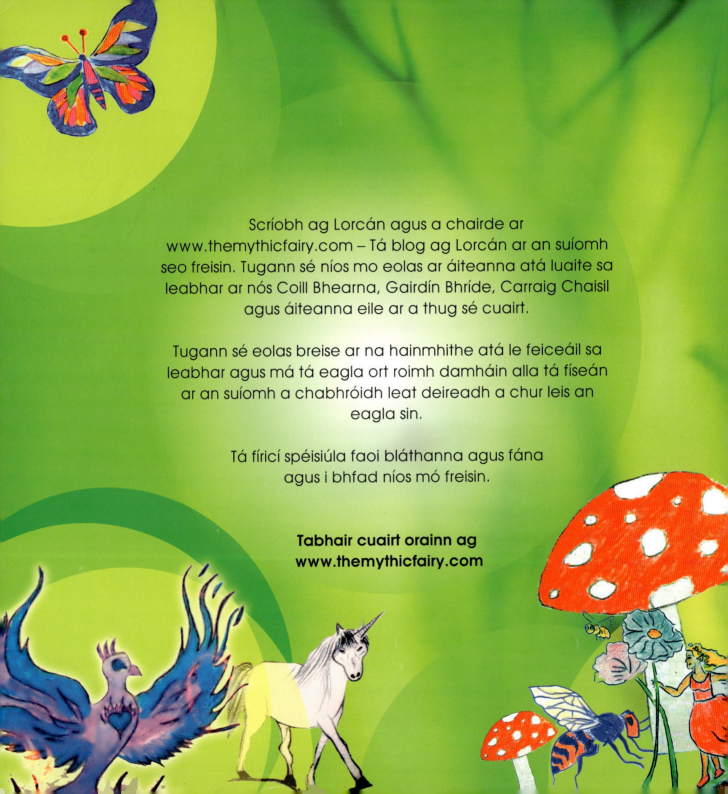

Scríobh ag Lorcán agus a chairde ar
www.themythicfairy.com – Tá blog ag Lorcán ar an suíomh
seo freisin. Tugann sé níos mo eolas ar áiteanna atá luaite sa
leabhar ar nós Coill Bhearna, Gairdín Bhríde, Carraig Chaisil
agus áiteanna eile ar a thug sé cuairt.

Tugann sé eolas breise ar na hainmhithe atá le feiceáil sa
leabhar agus má tá eagla ort roimh damháin alla tá físeán
ar an suíomh a chabhróidh leat deireadh a chur leis an
eagla sin.

Tá fíricí spéisiúla faoi bláthanna agus fána
agus i bhfad níos mó freisin.

Tabhair cuairt orainn ag
www.themythicfairy.com

An Deireadh

Rinne sé cairde le sióga eile i ranganna eile, a
raibh an grá céanna acu den cheoil agus shuí siad
le cheile go luí na gréine ag casadh portanna.

D'imir Lorcán beagainín peile ina dhiadh sin de
bharr gur chreid sé ann féin agus gan súil
amháin aige ar na rudaí nach raibh sé ag
deanamh í gceart.

"Go raibh maith agat adharcamháin tá fios agam anois gurbh í an feadóg an spraoi is fearr domsa" a dúirt Lorcán. "Seinnfidh mé an fheadóg go h-ard ag am sosa as seo amach agus ní bheidh me i bhfolach taobh thiar den muisiriún dearg níos mó. Is cuma céard a dheireann siad fúim ní chuirfidh mé an fheadóg i bhfolach nios mó".

Bhuaigh Lorcán an comórtas feadóige cheithre bliana as a cheile agus bhain se amach clú agus cáil i measc na síoga eile.

Chreid sé ann fhéin.

"Tá an ceart agat Lorcán,

tá gach duine go maith
ag rud éigin agus níl
chuile dhuine go maith
ag an rud céanna",

a d'fhreagair an t-adharcamháin go sona
sásta.

"Uaireanta ní mór dúinn stopadh agus
smaoineadh a dhéanamh ar céard a bhfui
muid go maith ag déanamh agus gan ligin
do dhaoine cuir isteach orainn. Uaireanta
is fearr éisteacht le do chroí agus is as sin
a thiocfaidh an fhírinne.

Uaireanta caitheann muid an-iomarca ama
ag éisteacht le daoine eile agus déanann
muid dearmad ar céard atá inar gcroíthe
féin. Má mhothaíonn tú rud éigin go maith
i do chroí is comhartha é sin go bhfuil sé go
maith ".

Chraith sí a maide draíochta ós cionn Lorcán agus dúirt sí
"Creid gur féidir leat a Lorcán agus tárlóidh sé"
agus d'imigh sí lei.

Léim Lorcán suas agus síos le h-áthas agus dúirt leis an t-ádharcamháin "Tá a fhios agam anois go bhfuil mé go maith ag rud éigin. Tá mé go maith ag casadh na feadóige. Is cuma liom faoi gan a bheith go maith ag an bpeil."

Aniar as scamall íseal tháinig an Máthair Síogach. "Nach álainn é an ceol atá tú ag casadh a Lorcán" a dúirt sí. "Tá áthas orm go bhfuil fhios agat anois go bhfuil tú go maith ag casadh na feadóige. An bhfuil a fhios agat go bhfuil cleachtaí ar siúl i láthair na huaire ag Charraig Phádraig do cheolchoirm mór a bhéas ar siúl ag Cnoc na Teamhrach aimsir na Nollaig. D'fheadfá trial a fháil dá gcuirféa an cheist ".

mhaigh Lorcán leis an t-adharcamháin gur cheap sé go raibh an ceol go deas ach nár éist sé leis roimhe sin de bharr go raibh sé chomh brónach.

Bhreathnaigh Lorcán isteach san uisce chiúin agus chonaic sé a aghaidh brónach ar dtús. Ach go tobann chonaic sé é féin ag casadh na feadóige adhmad. Léim na notaí binn as an uisce agus stop na h-éin ag casadh chun eisteacht leis an gceol álainn.

Léim Lorcán ar dhroim an t-adharcamháin agus thógadar an cosán casta síos go dtí an loc draíochta. Nuair a tháinig siad go dtí an loc léim Lorcán anuas agus dúirt sé go brónach Níl cáirde ar bith agam agus níl maith ar bit liom. Uaireanta deireann mo dheartháir níos sine Ruarc nach bhfuil aon mhaith liom".

"Éist", a dúirt an t-adharcamháin " féachfaimíd sa loch draíochta".

Níl aon duine ag iarraidh a bheith ag spraoi liom", a dúirt sé go brónach. "Tá siad ag rá nach bhfuil aon mhaith liom ag imirt peile agus nach bhfuil aon mhaith liom ag aon rud."

Ó tuigim cén fáth a bhfuil tú brónach anois" arsa an t-dharcamháin. "Is cínnte go bhfuil go leor rudaí atá tú n ann a déanamh go maith". "Siúl linn go dtí an loch raíochta go bhféachfaidh muid inti" a dúirt sé.

Lá amháin bheartaigh Lorcán a fheadóg fhéin, a rinne sé as adhmad a sheinnt go ciúin. Feadóg cosúil leis an ceann a bhí ag na síogaí Ghairdín Bhríde a thug cúairt orthú bliain roimhe sin. Chuala a t-adharcamháin ciallmhar, a bhí ag ithe féar faoin gcrann darach, a ceol álainn agus shiúil sé i dtreo na fuaime

Chonaic an t-adharcamháin Lorcán ina shuí leis féin ag seinnt ina feadóige agus d'iarr sé air cén fáth go raibh sé ina aonar ag seinm ceoil álainn den t-sórt sin.

"Féach Lorcán ag caoineadh arís", is féidir leis é a chloisteáil anois. "Lorcán nach féidir liathróid a chiceáil, Lorcán gan maitheas ar bith ag peil". Ó ... Tá sé cloistí go minic aige uaidh na sióga eile, agus ní thabharfaidh siad cead imeartha dó.

Gach lá ag am sosa bhíodh sé ina shuí faoin mhuisiriún dhearg. Bhí síocháin aige anseo ina chomhluadar féin .... Ar dtús bhraith sé nach raibh aon rogha aige, ach anois bhí sé sásta a bheith ansin ina aonar, ar a laghad is é sin a bhí ráite aige leis féin.

Ar fud an chlóis bhí na síóga ag spraoí, roinnt ag imirt peile agus roinnt eile cispheile. Iad sin go léir ach síog amháin. Bhí Lorcán ina shuigh go gruama taobh thiar de'n mhuisiriún bharr dearg. Bhí sé fágtha amach agus gan aon duine ag spraoí leis. Ní raibh sé ag iarraidh ar aon duine é a f'heiceáil ag caoineadh mar gheall go mbeadh cúis eile ag na síóga eile a bheith ag gáire faoi.

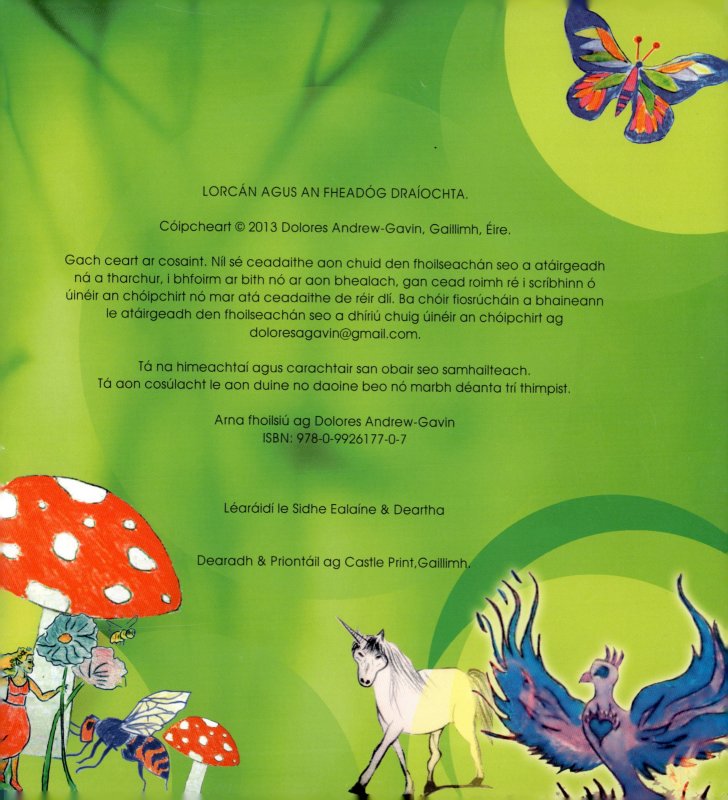

LORCÁN AGUS AN FHEADÓG DRAÍOCHTA.

Arna fhoilsiú ag Dolores Andrew-Gavin
ISBN: 978-0-9926177-0-7

Léaráidí le Sidhe Ealaíne & Deartha

Dearadh & Priontáil ag Castle Print, Gaillimh.

Pass the Please

Pasta can be red.
Pasta can be yellow.
Pasta can be green.
Pasta can be black.

3

Pasta can be thin.
Pasta can be fat.

5

Pasta can be long.
Pasta can be short.

6

7

Pasta can be
all sorts of shapes.

9

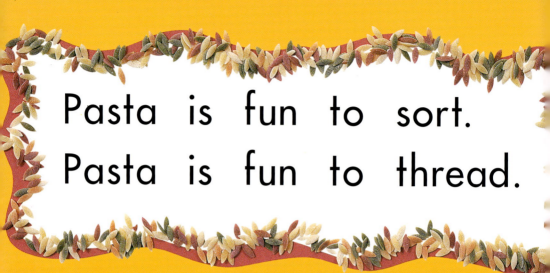

Pasta is fun to sort.
Pasta is fun to thread.

Pasta is fun to cook.

13

Pasta is fun to eat.

Pass the pasta, please.

16